JN418187

그곳, 서쪽 마을

신영옥 시집

月刊文學 출판부

| 시인의 말 |

지금 나의 삶을 세 부분으로 나눈다면

어둠이 곁에 있는 노루 꼬리만큼의 햇발이다

그 햇발이 자연을 바라보며 시를 지었다

시를 짓는다는 것은 상상력을 내는 고통이다

그 고통을 반기어 늦게나마 또 한 번의 시집을 내는 나여

하늘 가득 채운 저녁노을의 아름다움을 본다.

2017년 11월
신영옥

차례

2부

3부

4부

5부

1부

월미도

그림자 고운 달 뜨는 산 아래
외딴 마을 바닷가
하루의 쉼터를 찾아온
많은 사람들
농게처럼 서서
농게처럼 걸으면서
갯바람 솔솔 연달아 빨아 먹는다
맑은 하늘
날선 햇볕에 몸을 말린다
그래야만
이 저녁
멀리 수평선에
눈알이 빨간 달 꼬리를 본다고
단감 빛 저고리도 본다고

석양
—월미도에서

몸 굴리며 왔다 여기까지
뜨거운 입김
홍건히 뿜어내며
허기지게 달려온 고단한 몸
아래
저녁 물 성큼 일어나 날개를 편다
다가서는 어스름 덮을까
하늘 잡고
등 언저리 풀어 환히
낭창낭창 타는 살
더 바랄 게 뭐 있을까
마지막 순간까지 싸안은
이 뜨거움
가장 낮은 세상 다 풀어 사르고 가리

해 한 덩이 기우는 하늘

솔방울

겨울의 짧은 햇살 물고
솔잎 가지에
솔방울이 날개를 활짝 폈다
켜켜이 벌어진 속살
들여다보면
아무것도 없는
알갱이 털어낸 비쩍 마른 고갱이다
그 남루한
고갱이 품에서
에두른 숨결이 경련처럼 일어나
꽃이 아닌 꽃의 모습으로
무명의 꽃으로
초록이 흐르는
소나무 생가지에 앉아 또렷이
바라보고 있다
세상이 낯선 듯

호박고구마

가을볕이 따스한
시장 길목에서
아줌마들 모여들어 고구마를 산다

금방 땅 속에서 일어난 듯
붉은 흙내가 촉촉한 것들
앞에 서서
속이 노란 호박고구마가
뭐 뭣에 좋다고
수다 떨며 모두들 산다

나도 한 바구니 샀다
건강과 다이어트에 이끌리기보다는
생전에
달고 물렁해서 좋다며
즐겨 자시던
어머니 얼굴이 떠올라서
어느새
마음 복판에 앉아 내다보시는 듯해서

그 아이들 다 어디로 갔을까

그 아이들 다 어디로 갔을까
허전히 남겨진 빛바랜
몸뚱이
텅 빈 집처럼 온기마저 없다

그 많은 나날을
그 많은 삶을
오직 자식들만 사랑했던
품 안

싹 틔우고
꽃 피우기까지
바람에 쓰러질까 햇볕에 목마를까
보듬어가며
뻗어 올라가는 큰 놈 작은 놈
굶기지 않으려고
기죽지 않게 하려고
수액을 끌어올려
골고루 먹이고 입히고 껴안고 키운

때로는
아픔도 괴로움도 많았을
둥근 뱃속

자식들은 그냥 자란 듯
때맞춰 다 떠나간
허전히 남겨진 빛바랜 빈 화분을 본다

새로운 봄날

햇살이 따뜻해지자 진달래 개나리 산수유 목련 매화
라일락 등
요것들이 뾰루지가 돋아나
낮이고 밤이고 긁어대더니 드디어
터져버렸네
가렵던 온 몸이 와르르 꽃으로
만개한

저마다
제 모습 제 빛깔로 단장을 하고
이름표를 달고
그 많은
꽃등을 달았네
그 많은
사랑을 풀었네

팍팍한 세상을
새로운 봄날로 훈훈히 펼쳐 놓았네

느티나무에서

느티나무 아래 벤치에 앉아 있을 때였다
갑자기 느티나무에서 휙— 하는 소리와 함께
매미가 하늘로 부리나케 도망가고 그 뒤를
까치가 날쌔게 쫓아간다
곧이어 까치가 매미를 잡아 물고 다시 느티나무를 향해
날아든다
조금 지나자 다시 휘익— 하는 소리와 함께
매미가 날고 까치가 쫓다
순간 뚝 매미가 땅바닥에 떨어졌다
위를 쳐다보았다
나뭇가지에 앉아 아래를 쏘아보다가 체념한 듯 훌쩍
날아간다
날아가는 하늘에 낮달이 환히 떴다
낮달도 누구에게 뜯겼나 반쪽이다
떨어진 매미를 슬쩍 건드려 보았다
꿈틀거리며 발을 움킨다
얼른 집어서 옆의 나뭇가지에 올려주었다
혼절한 매미를 위해
바람이 조용히 스쳐간다

여름을 파먹는 아이

매미 소리 요란한 뜨거운 여름 한낮
손자 녀석이 평상에 앉아
수박 반통을 놓고
붉은 단물 철철 흘리며 수박 살 긁어내어 먹는다

올라가고 내려오고
내려오고 올라가고
정신없이 자맥질하는 아이의 손가락이
여름을 마구 찔러댄다

파란 피막이 찢어져
살점이 떨어지고 과즙이 흐르고
까만 씨알까지
사방으로 흩어져
쨍쨍한 바닥이 붉은 조각으로 낭자하다

아이는
땀방울에 과육에 얼굴이 벌겋다
기척을 느끼고

돌아보는 아이의 눈동자가 동그랗다
멋쩍은지
손등으로 입술 쓰윽 닦고
싱긋 웃는

허연 뱃살을 내민 수박도
멋쩍게
허허~
여름을 파먹는 아이의 헤벌림

꽃과 벌 나비는

여름을 타고 꽃들이 흠뻑 피어났다
색색의 꽃잎들이
암내를 피듯 유난히 곱다

내뿜는 향기 찾아
팔랑거리며 날아드는
벌 나비 떼
이 꽃 저 꽃 옮겨 앉아
쿡—
삽입하는 숨결이 소리 없이 아파온다

이따금
산들바람이 들어와 쫓아내지만
그때 뿐
아서라
그냥 어우러지게 내버려 두어라

애초부터 꽃과 벌 나비는
화냥년이고

난봉꾼인데
붙박이 삶을 어찌 막으랴

여름 한낮

초록이 번지는 나무숲에서 시퍼런 벌레
햇살 깨며 밥 먹어요
꿈틀대며 잎사귀 갉아 먹어요

사각사각 살점 떼 내는
조각조각 뜯기는
아픈 소리
파고들 때마다 가슴이 사르르 녹아요

갑자기 검은 구름 떼 몰려와
하늘을 덮자
어둔 하늘에서
소나기 하얗게 쏟아져요

바람이 껑충껑충 뛰어 떡갈나무 곁으로 가네요
나뭇잎들 죄다 놀라
자빠지고 고꾸라지고 엎어지고
혼절한 난장판에 반짝
비 그치고 하늘이 말갛게 벗겨졌네요

무지개 쫑긋 일어나
얼굴 내밀고
햇살 그득히 앉아
간질간질 몸 비비며 노는
풀밭에

허리 붉은 고추잠자리 하늘 올라 휘젓고
휘젓는 하늘에
매미가 꽁지 치켜들고
고부라지게
울고 웃고

속에 것 다 풀어놓는
여름 한낮
나팔꽃 오므려 씨알 품네요

졸망졸망 앉아서

햇볕에 따뜻한 담을 기대고 돋아난
어린 풀떨기
저들끼리 몸 붙들고 졸망졸망 앉았다
내 어릴 적 피난 나와 살던
산동네 소꿉친구들
채송화 같고 분꽃 같고 백일홍 같고 나팔꽃 같던
아이들
지게에 물 초롱 달고 철로 변 샘물터에 가
총총총 물 나르던 아이들
학교도 못가고 동생을 등에 업고 또 데리고
동네 마당에서 종일
고무줄 놀이, 공깃돌 놀이, 땅뺏기 놀이로
하루를 보냈던
땅에다 숫자 써가며 열심히 산수 공부했던—
아침에 학교 가는 아이들을 바라보며
무척 부러워 힘없이 서 있던
누구 누구 누구 누구 누구 그리고
또 누구 누구
공무원이 되었고 시의원이 되었고 교장이 되었고

사업가가 되었고
모두 모두 잘 되었다는 소문
지금은 다 내려놓고
들녘의 억새꽃처럼 하얗게 폈겠지
판자집 문간을
추억으로 담은
어렵던 시절도 향기로울 때가 있구나
보고 싶다
만나서 옛 얘기 해가며 울고 웃고 싶다
저렇게 파란 새싹들처럼 졸망졸망 앉아서

뻐꾸기의 울음

봄이면 앞산에 날아와 늘 우는 산새가 있다
초상이 난 것처럼
나뭇잎들도 슬픈 듯 푸른 몸 자꾸 뒤척인다
아무래도 그 놈의 산새가
하늘에다 울음을 꽂은 모양이다
그러지 않고서야 그토록 울리가 없지
기어이 상주로 날아온 뻐꾸기
제의를 목에 걸고 하늘에 '신위'를 꽂았다
숲을 깃발처럼 내걸고
속리산에서 삶을 거둔 늙은 노송이 오고
덫에 걸려 죽은 지리산의 가슴이 하얀 반달곰도 오고
거리에서 밟혀 박제가 된 지렁이도 오고
외제 황소개구리에게 먹힌 등이 파란 참개구리도 오고
지하도 모퉁이에서 얼어 죽은 노숙자의 한 서린 눈빛도 보인다
처마에 걸린 목어까지 다 와 있다
거뭇거뭇 일렬로 선 두루 귀신들에게
하얀 찔레로 향을 피우고
이슬 받아 목에 걸고

뻐꾹 뻐꾹 제를 올린다

실은 뻐꾸기 고놈이
남의 둥지에 알을 낳아 놓고는 애가 타서 우는 울음
그 울음소리에
봄 산의 나무들이 다 깨어나
파란 잎들을 들고 구석구석 산굽이를 돌아 꼭대기까지
바다처럼 누웠는데
어쩌자고 뻐꾸기는

뻐꾹뻐꾹 계속 운다

산길에서

이른 아침, 산 둘레길을 걷는다
고요한 숲속에
산을 핥는 개울물 소리가 유난히 세차다
빽빽하게 들어선 소나무 숲에서
향기로운 솔 향이 밀물처럼 왔다 갔다 옷자락에 붙는다
구리지 않고 향기로운 것은 신이 내린 선물
초록의 숨결이다
초록의 숨결이 하늘로 하늘로 날아 지붕을 이룬
산마루 넓적한 바위에 올라섰다
마침 아침 해가 검은 구름을 벗어나 떠오르고 있다
쏘아오는 햇살로 산이 온통 금빛이다
참 곱고 아름답다
나도 흠뻑 붉은 꽃송이 같다
멀리 앞산에
산자락 붙들고 조금조금 앉은 산동네
초록이 물결처럼 흘러
꼬막조개가 앉은 바닷가 같다
바다를 이룬 초록나무들 산을 닮아 산 빛을 낸다
산이 붉으면 같이 붉고

산이 푸르면 같이 푸르고
그런데, 얘네들
쪼르르 나와 나무들이랑 예쁨을 보이던 산 친구들
다람쥐 산꿩 청설모 딱따구리 빼꾸기 등 안 보인다
어디 갔지?
암만 찾아도 암만 둘러봐도
나무들에게 물어봐도 모른 척
산처럼 앉아 산만 본다

얘네들 어디 갔지?

빨간 토마토

거리의 좌판에 앉은
빨간 토마토
주먹만 한 것이 야물게 익었다

한 입 깨물면
상큼한 단맛이
흐무지게 쏟아질 것같다

햇살에 쓴맛 매운맛 다 겪어
발효된
그래서 녹녹하게 익은

마치
시부모 모시고 시집살이하는
우리 딸
고것의
해갈된 사랑처럼
상큼 달콤한 살내가 난다

2부

아침에 길을 걷다가

아침에 길을 걷다가 쳐다 본 하늘이
참 매혹적이다
하늘빛이
고요한 숲속의 호수와도 같이
금방 세수하고 나온 아이의 얼굴처럼
티 없이 맑다
어쩜 저리도 고울까
누가 저토록
구름 한 점 없이 닦아낸 것일까
따라 햇빛도 감미로이 쏟아진다
하루의 시작이 열리는 아침 길에
이처럼 기분이 상쾌하니
오늘은 종일 좋을 것만 같다
좋은 일이 있을 것만 같다
절로 입술을 간질이며 노래가 나온다
수줏이 잠자던 시가 일어나 정수리에 앉았다
아름다운 아침을
마음에다 한 집 지어 간직하고
햇볕이 환한 시간 속으로 들어간다

그곳, 서쪽 마을

속절없이 그리움을 담은
저녁노을에
붉은 화장을 한
소래산 빝 서쪽 동구 밖 오동꽃 지다

속절없이 그리움만 가득 담은
저녁노을에
괴이 점괘를 읽는
무녀의 징 치는 소리 오동꽃 또 지다

그 곳
서쪽 마을
오동꽃 또 지다 지다

봤어

아 글쎄 어느 날
훈훈한 바람이 슬슬 다가오더니
아무데나 찾아가
마구 뽀뽀하는 거야
구석구석 어루만지고 쓰다듬고
보듬는데 와
세상이 온통 미치더라
하늘과 땅 사이 신열이 가득하고
노근해지고 싱숭생숭해지고
가랑이 벌린 가지마다
가슴이 두근두근 울렁울렁 오장육부까지
환장하겠지
그렇게 내통하더니만
금방 배들이 봉곳
바람이 책임지나?
요것들이 손 저으며 애타게 찾는데
색색 빛깔의
눈물들을 펑펑 쏟는거야
……봄이래

사기그릇

따로 놓는다 아끼던 사기그릇 하나
이가 빠졌으니
살점이 부서져 떨어졌으니
이제 인연이 다 끝난 것 같다

닦고 만질수록 환한 파란 몸
품도 넉넉하여
하는 일 모두 받아
밥그릇도 되고 국그릇도 되고 물그릇까지
척척 들어주어 좋았다

"주인님, 나 어디로 보내는 겁니까?"
"그 동안 많이 일해서 몸까지 부서졌으니 이제는 쉬어야지"
"아닙니다, 몸이 부서졌어도 동료와 같이 일하고 싶습니다."
애원하듯 반짝이는 걸
기어이 내동댕이치고 돌아섰다

어른거린다
저 살뜰한 정들이
앞서고 뒤서며 애처롭게

한 줌의 꽃 향이

저기, 산비둘기 날아와
모이 찾는 산발치
산수유나무에 노란 꽃잎이 앉았다

톡톡 터져
살포시 웃는
한 줌의 꽃 향이
하늘거리며
산을 노랗게 적신다

올려다 본 하늘가
노란 봄빛으로 가득하다

그럴까?

철쭉꽃이 환한 저 작은 집에는
어떤 사람이 살까
울타리 너머 고요한 마당에
산새들이 날아와 소란을 떠는
말없이 우뚝 선 굴뚝 뒤로
푸르게, 푸르게 자라는 나무들의 언저리에
쌓아놓은 장작더미와 빨랫줄, 샘물터, 채마밭 사이로
반쯤 열린
사립문이 누군가 간절히 기다리는 모습을 준다
바람이 들어와 헤적거려도
처마 끝의 풍경 소리가
연신 불러대도
꼼짝 않고
마음을 열어 놓은 채 우두커니 서 있다
사람은 보이지 않고
자연들만 들락거리며 노는 저 작은 집에는
어떤 사람이 살까
도시 사람은 분명 아닐 테고 산승일까 그럴까?

입춘

산머리에 잔설이 하얗다
저 산머리 훌렁 까져야 봄이 오는데
한강도 얼어붙어 꼼짝 못하는
이른 아침에
절기를 앞세워 '입춘대길'
메시지가 새 빛처럼 문간에 서있다

그새 강추위 속에서도
봄이 들어섰다
햇발이 길어진 듯하고
하늘 나는 새소리가 맑다

꽃을 좋아하는 나는
벌써
섬진강변의 매화를 생각한다
앞산, 진달래의 붉은 여울목을 생각한다
슬쩍 냉이 꽃다지 들어와 얼굴 내민다
젖먹이 놓고 떠나간
시모님의 기일도 생각한다

봄볕이 비탈을 따라
동네 산허리 귓바퀴에도
오르락내리락
마른 숲에 얼음 속 얼음을 녹인다

겨우내 잠든 화분들을 꺼내어
양지쪽으로 옮겨 놓았다
너무 일찍 서두른 건 아닌지 싶다

처음 알았다

햇볕이 따듯한 봄날
밭에서 나물을 캐고 있던 나는
정적을 깨는 소리에 깜짝 놀랐다
톡톡 탁탁
토 톡 타 탁
약하면서도 강하게 들리는 소리가
무섭기도 하고 두렵기도 하고
온몸의 감각이 쫑긋 일어나
여기 저기 두리번거렸으나 아무도 없다
계속해서 소리 나는 쪽으로 귀 기울여 유심히 살펴보았다
괴이하게도
울타리 친 개나리 나뭇가지에서
노란 꽃봉오리들이
입 벌어지는
꽃잎 터지는 소리가
그처럼 아우성이다
희한한 광경이다
세상에 나올 때
사람만이 소리치는 줄 알았는데

고요한 꽃들도
밖을 향해
소리치며 벌어진다는 걸 처음 알았다

갓난아기와 엄마

하얀 배냇저고리에 속싸개 두른
갓난아기
좁쌀 베개에 누워 잠을 잔다

두 팔을 하늘로 뻗고
팔랑팔랑
날개를 펼친 하얀 나비 같다

고요히 자면서도
벙긋 또는 찡긋
연신 배냇웃음 짓는다

첫 아기를 낳은
딸아이는
엄마라는 이름이
낯설고 부끄럽고 심란한지 잠잠히 돌아눕다
그러다가
아무도 몰래
아기를 품어 안고 가슴 열어 젖 물린다

새순처럼 돋아난
눈, 코, 귀, 입
손가락 열 개
발가락 열 개
보고 또 보고 한다

아기는 엄마를 아는지 방긋
자면서도 방긋
엄마도 코를 대고 벙긋
품어 안고 벙긋

둘이가
정분을 나누듯
방긋 벙긋 또 찡긋

초록빛

연푸른 소년기를 지나
새파랗게 성장한
초록나무들
스무 살 청년 같다

신선하고 선명한
그 푸름이, 그 열정이
그 향기가

어디가 아파도
어디가 상처가 나도
금방 치유될 것 같은
힘의 근원

유달리 그리움이 많은
그 젊은 친구
그대가
좋아하는 빛깔
오월 속 넓은 세상을 덮는다

그 자리에

어둠이 내리는 강변에
노인이 앉아 있다

숲속으로
새들이 날아들고 날아가곤 하였다

달이 정 마루에 솟았다 내려가고
다시 솟았다

어둠 속에
노인이 앉았던 자리

달맞이꽃 하나 피어 있다

벚꽃

세상에다 환히 불을 켜 대는 저 벚꽃

봄 뜰을 화사하게 만드는 저 벚꽃

분홍빛 그리움을 주는 저 벚꽃

꽃가지 들고 미치도록 춤추고 싶은 저 벚꽃

그러나 유치하게 바람한테는 못 견디는 저 벚꽃

벚꽃, 벚꽃, 벚꽃

생기차서 한들한들 피어오름이
화사한 왕비 같고
나이 들수록 온화한 멋들음이 참말로
군주처럼 장엄하다
그런데
어찌 내 마음이 이다지 슬퍼지냐
안 울려고 해도

잔뜩 흐드러지게 핀
아름다움 속에서
펄펄 날리는 꽃잎이 설움을 준다

가련한 죽음

초저녁인데 박꽃이 환히 피었다
아침녘에 나와 보니
생생하던 박꽃이
쭈그러지고 깨지고 늘어져 만신창이다

어젯밤 모텔에서
성매매 단속에 들켜 쫓기다가 그냥
지상으로 뛰어내렸다는
미혼모의 주검

하얀 꽃들로 둘러싼 영정 앞에
아비 없이
일곱 살 아들 하나 서 있다

가난한 생 하나가
먹먹히
하룻밤 꽃 지듯 무참히 갔다

순천만의 향기

초여름 속 순천만 습지에는
갈대숲이 반,
초록 갈대로 덮여진
들길에 들어서면
쇠물닭, 물떼새, 개개비 철새들의 소리 소리가
개펄의 녹음 같다

꽥 꽥
찌르륵 찌르륵
알을 낳고 부화시키는 소리인지
적의 방어를 위해 지르는 소리인지
애정을 나누는 소리인지
분간 못할 연주가 마르지 않는다

등 뒤에서
따라오는 햇살이 말한다
조금 있으면
꽃물 같은 넓은 노을이 온다고
개펄에 내려앉는 붉은 날개를 보라고

눈물

형제간의 아픔은 세월도 쉽사리 털어낼 수 없는 모양이다
아둔하여 미처 생각 못해 일어나는 후회
내 힘으로는 도무지 해결할 수 없었던 아픈 기억들
두 손을 놓은 채 꺼이꺼이 눈물만 쏟던 일
어쩜 그리도 소통이 두절되는지
한 걸음 다가서면 두 걸음으로 도망치는
무엇이 이토록 꼬이게 했는지
연유를 모른 채 멀리 깜깜하게만 살았던 사이
소식마다 오해를 낳고 부스럼 만들고 갈등이 쌓이고
기어코 빗장을 열어
아집에서 온 좁은 생각의 벽이 무너져 버릴 때
오며가며 형제의 마음을 나누어 따뜻할 즈음
심술처럼 병마가 일어나 가로막는다
급급한 나머지 목숨에만 어지럽게 매달리다 멍해진
이승과 저승으로 경계가 놓인
죽음이 믿기지 않아
아니 믿을 수밖에 없는 현실을 확인하면서
보내야만 하는
가슴에 박혀 부어오른 눈물을 쏟으며

마음의 심지를 치켜들고 기원한다
동생아
하늘에서는
아프지 말고 가난도 버리고 편안히 행복하기를

3부

붉은 봄날에 · 1

개나리 진달래 벌써 천상에 간다
냉이꽃
제비꽃도 같이

꽃단장 분단장 접고
시든 눈시울로
먼 길
나서는 길목에

바람 한 줌 찾아와 머뭇머뭇 대고
햇살 한 줌 들어와 어루만지다

먼저 간
큰 누이 목련처럼
다시는
못 본다 하여

붉은 봄날에 · 2

봄이 간다고 누가 외롭다 할 것이며
꽃잎 떨어진다고 누가 서러워 할 것이며
꽃 시절 간다고 누가 탄식할 것인가
봄날은 봄날로
꽃잎은 꽃잎으로
시절은 시절로
가는데
어느 누가 소리치며 운다야
붐비고 소란 떤다고 봄날이 아니 가지 않는다
나는야
봄날 꽃 시절 다 가기 전
들녘바람 휘감아 퍼질러 앉은 풀 새들처럼
우리 식구들 다 불러내어
들녘에 앉아 초록 물 뚝뚝 떨어지는 쌈밥 먹고 싶다
푸성귀 질펀히 풀어놓고

그래야만 봄을 아귀아귀 먹은 것 같고
그래야만 봄날을 열어 본 것 같고
그래야만 시절의 맛을 알 것 같다

돌아오는 길

얼마나 이루고 싶었던 바램이었던가
틈만 나면 읊어대던
순간들
땟물이 흐르도록 반들반들 길들여 갖고
한 점 실수 없이
여유롭게 발표 했건만

—퍼즐이 끊어져도 통과,
—문장을 잊어버렸어도 오케이,

짜놓은 잔치를 구경하다가
시든 잎처럼
씁쓸히 돌아오는 길

아파트 담장 넘어
늘어진 싸리꽃 숲에서
난데없이
송장메뚜기 툭 튀어 나온다
앞에서 폴짝폴짝 뛴다

허공에 능선을 그려봤자
아무것도 없는
그도 내처럼
마음 한 조각 잃어버린 무게 중의 하나인가

전파를 타고 쏟아내는 각설이 타령이 꽃처럼 핀다

봄날은 간다

꽃들이 지고 있다
여인의 헐거운 치맛자락 찢어지듯이 흩날린다
뒹구는 꽃잎
바람이 데려가 풀숲에 묻는다

지상곳곳
진달래
개나리
싸리
살구나무
벚나무
목련
매화 등
뼈대가 깡말라 갖고
그래도 때만 되면
여전히 일어나 온 몸 식구들 다 깨워
꽃불을 놓는다
삶을 한껏 풀어놓는다
삶은 태어남과 죽음의 순서

한 번 가면 다시 오지 않는다
그러니 이왕이면 한껏 살다 가야지, 봄날은 간다

시베리아의 기억

파란 하늘에 홍시 하나 떴다
잎 떨어진
높은 감나무 가지에
꼿꼿이 앉아
먼데 그곳만 바라본다

까치가 날아와 제 몸을 쪼아도
서리에 온 몸이 젖어 꽁꽁 얼어도
개의치 않고
먼데 그곳만 바라본다

그리움이 아닌
단지 연민의 기억……?

그래, 맞다
그냥 바람 따라 훌쩍 찾아간 그 가을 날
러시아 연해주 시베리아 들녘
나는 열차 속에서 수없이 스쳐가는 자작나무숲의
하얀 몸들을 보았다

그들만이 서 있는 아름다우면서도 외로운 하얀 고요
입 다문 향기는
역사 속에 묻힌 애국선열들의 영혼으로
새벽빛에 녹아 더 하얗게 흘러내리는 울음 같았다
눈물이 날 만큼
순간의 감성이 왜 그리 벅차게 쓸쓸히
느껴졌는지 정분에서일까

지금도 숨결이
그곳, 그 숲 틈새에 낀
여운이 남아
파란 하늘 아래 홍시 하나 띄운다

땅강아지

향일암에서 내려오는 도중에
향긋한 냄새가 그런 듯 만 듯 흘렀다
코를 벌름거리며
이곳저곳 기웃거렸을 때
길모퉁이의 첫 집
낡은 기와집을 둘러싼 허름한 흙담에
인동초가 늙은 구렁이 담 넘어가듯 몸을 기대고
잎줄기에서 하얀 꽃을 올려 피우고 있다
순하고 연한 꽃송이가 내뿜는
향기에 코를 대고 말다가
흙을 파헤치며 기어다니는 땅강아지를 보았다
참으로 오랜만에 보는 곤충이다
잊고 잊었다가 만난 반가움에
꽃의 향내도 내던지고
땅강아지에만 시선이 쏠렸다
졸졸 따라갔으나 곧
흙 지푸라기 속으로 자취를 감췄다
그 통에 헤어졌지만
아쉽다

어릴 때 마루 밑 주춧돌에서 본 후 처음이다
그 친구 어디서 또 볼 수 있을까

분홍 새

어느 날 동구 밖에 있는 고목나무에
새 한 마리가 날아왔다
그 새는
무지개 색을 가진 칠색조였다

아침이면 나뭇가지에 앉아
날마다 일곱 빛깔 중에 하나씩을 펼쳤다
동네 사람들은
그 새가 아름답고 신기하다며 모여들었다
그리고 길조라 하며
그 새의 아름다운 빛깔을 가진 날개에다
요일을 달았다

그런데 그 새는 항상 짝을 그리워했다
어딘가에 있을 짝을 찾기 위해
가끔 분홍 날개를 펴서 자신을 알렸다
요일에 없는 그 분홍빛은
아침 햇살을 받아 더욱 찬란하여 눈부셨다
온 동네가 너무 환해서 사람들은 눈을 뜰 수가 없었다

거기다
요일에 없는 엉뚱한 빛깔을 펼치자
새에게 달려가
날개를 접으라고
돌팔매질을 하였다
새는 쫓기면서 더욱 짝을 그리워하며
날개를 쭉쭉 펼쳤다

그 마음을
알 리가 없는 사람들은
자꾸 쫓아 다니며 더 괴롭혔다
지친 나머지
새는 화려한 분홍 날개를 펴든 채
멀리 사라지고 말았다
그 이후로는 아무도 그 새를 본적이 없다

가을 산

저기 저 시퍼런 숲에 나뭇잎들 수다수다 떨며
들썩거리는 것이
뒤적거리는 것이
수상쩍다 했더니만
어머, 저것들
저 푸른 입가에 빨간 물드네 노란 물드네
올라가고 내려가고
유별 떠는 몸짓 저것들
떠나려는 준비에 마음이 들떠가지고
술렁술렁
골짜기마다 절벽마다
색색의 층을 이뤄 현란케 하는
북새통에 가을 산이 온통 아수라장
속절없이 번져가는 단풍이여 산길이여 사람들이여
그만해라
가을 산 무너지겠다

갈대

백발이 되고서야 세상을 보네

굽어진 야윈 몸에
누런 옷 하나 걸친 삶

욕심 없는 자태가 소박해서
오히려
넉넉해 보이네

풀섶마다 빈자리 뿐
혼자 남은 외로움
허전해도
아름다워 보이네

가을로 가득한 세상
모퉁이 돌며 손짓하네

청개구리

청개구리 두 마리가
한 몸 되어 펄쩍펄쩍 뛴다
풀숲에서
나뭇가지에서

덩치 큰 암놈이
새끼 같은 수놈을
등에 업고

이리 뛰고
저리 뛰고

별스럽게 몸빛도
생 나뭇가지에서는 녹색
죽은 나뭇가지에서는 갈색
신기하여 뒤쫓아가며 본다

사랑인가
번식인가

한 몸 되어
펄쩍펄쩍
이리 뛰고 저리 뛰고

줄타기
—하우스 오이

햇볕이 가득한 비닐하우스 안
천장에 매단 줄을 붙들고
오이꽃들이 줄타기 한다

목덜미가 짧은 노란 녀석들
제 몸보다 더 큰 시퍼런 날개를
발치에 달고
햇살 깨뜨려 밥 먹는다

먹어야 산다고
먹어야 튼튼히 살아간다고
생기차서 반짝이는 꽃송이마다
붓을 든 농부의 손길이 잦다

붓과 꽃이 한 몸 되어
보듬고 비비고 쑤시고 후비고 털고
비릿한 숨결의
박동소리가 후끈하다

그새
씨방이 봉곳
시든 오이꽃 밑에서
연푸른 머리통을 내밀었다

탯줄 붙들고 줄줄이 달린 녀석들
살비듬 풍기며 미끈히 잘 커간다
봄 한 철을
야금야금 다 빨아먹어
실팍하게 살찐 몸뚱이가
가시 돋친 시퍼런 성깔과는 다르게
보드랍고 달다

주인 덕분에
줄타기 잘 한 녀석들
예쁘고 잘 생겨서
시집 장가도 잘 가겠다

일기예보

하얀 꽃 찔레가 초여름을 달고 앉은
산자락에
흙을 두둑하게 올리고
고구마 순 꽂는 할아버지의 등이
땀방울로 흥건히 젖어들다

햇볕은 할아버지의 땀방울을 연달아
풀어놓고
할아버지의 땀방울은 연달아
고구마 밭 만들고

무더위로 푸석해진
메마른 밭에 오는
반가운 소리

낮 방송이
오늘 저녁에 큰 비 오겠다고 못가의
개구리처럼 개굴개굴 쏟아낸다

꿈꾼 들녘

처음 보자마자 자석처럼 끌려
홀딱 벗은
그 싸움닭 같은 후끈한 몸 캄캄히 핀
어둠 끝 너머
물안개 피는 들녘에
톡톡
이팝꽃 핀다
조팝꽃도 핀다

꽃줄기 하얗게 피어오른 살비듬 좋은 아침
돌개바람 일어나
뱅글뱅글 돈다
뱅글뱅글 돈다

밤잠을 설치게 한
시의 언어들
어수선히 풀어놓고

장미원에서

여름 날
넓은 마당이 장미꽃으로 덮였다

빨강, 노랑, 하양, 분홍, 울타리장미 등

아침 이슬 머금고
잎 위로 드러낸
고운 자태에 발길 머문다

신의 축복인 양
햇살도 감미로운 아늑한 뜰에
순백의 아름다움으로
우아한 모습으로
지순한 영혼으로
방글거리며 사람들을 부른다

마치
마돈나의
비너스의

로미오와 줄리엣의
사랑처럼

고요히 깨어나
저마다
삶을 노래하는 기쁨이
꽃향으로 가득
세상 빛깔이 환하다

스트레스

몸속에 꾀병 같은 아픔들이
방고래 연기 차듯 우르르 몰려다닌다.
어느 날은 머리통에 또
어느 날은 옆구리로, 가슴으로 콱콱 박혀
순간순간 숨도 제대로 쉴 수가 없다
그러다가도
언제 그랬나 싶게 감쪽같이 편안해진다
그런 날은
남편이 청소해 주고 말 잘 듣는 날
그도 잠시
이번에는 엉뚱하게 잠을 거부한다
정신이 말똥말똥
빗발처럼 내리치는 신경 띠
물러서지 않는다
그런 날은
숫자가 많은 카드결제가 날아드는 날
눈꺼풀이 내려앉자
캄캄한 갯골로 별들이 무수히 쏟아진다

4부

우수

밖은 눈이 펑펑 쏟아지는데 베란다의 화분에는 싹들이 파릇파릇 돋아났다
게발선인장 발가락 끝에도 빨간 꽃물이 맺혔다
유리벽을 사이에 두고 봄이 발돋움한다

그러고 보니 입춘이 지난지도 오래인
눈꽃들이 푸근히 내려 다시 물꽃으로 길을 나섰다
동네 건너 산모퉁이 돌아
산모퉁이
산모퉁이 물소리가 힘차다

물소리 풀어내는 이즈음
내 어머니는 지난 가을에 갈무리 해둔 메주를 꺼내어
뽀얗게 닦아 간장을 담그셨다
장독대에서 소금물 젓느라
손이 시려 빨개졌는데도
바람이 뼈대가 없다 부드럽다 하시면서

질펀해진 길 위에 서 있는 나무들

나뭇가지들 손 벌려 서로의 목을 축이고 있다
겨우내 얼었던 장독대도 눈이 녹아 훙건하다

화톳불을 가진 봄눈이
꽁꽁 언 긴 겨울을 퍼내고 있다

여름 동백
—지심도에서

잠들었다 깊이깊이
소리소리 질러도 뜨겁게 불질러도
도무지 꿈쩍없다

등골이 차가우면 눈 뜰까
한 숨 자듯
짙푸르게 숨결만 흘린다

발길 닿는
길섶마다
푸른 새끼들 줄기줄기 뻗어
하늘 덮은 숲 속

어디선가 동백 부르는 노래 가냘프게 들린다
가락은 점점 숲 흔들어 가슴 적신다

바다 건너 네 어여쁜
붉은 모습 보러
때 없이 찾아온 것은 아니다만

살얼음 피는
동지섣달에나 볼까
시퍼렇게 미친 여름 한낮. 아득하다

목련나무

목련나무에 꽃눈이 봉곳하다
겨우내 품고 있던 배들이 만삭이 되었다
모래집이 터지기를 기다리는 저들은
어디서 온 전령들인가
웅크리고 앉아 바라보는 세상은 만만치가 않다
시기와 시샘으로 흔들어대는 바람에
가슴 바르르 떨다
추웠으리라
몸이 온 몸이 추웠으리라
그나마 따뜻한 햇볕에 몸을 녹이며
아득하게만 품고 있던 열망이
이제 어둠 속에서
두꺼운 껍질을 벗고 하얀 꽃망울이 일어섰다
뒤척이던 살 냄새 풀어
향기로운 꽃송이 활짝 피워낸다
하늘 향해 하늘하늘 날아오를

달이 휘영청 · 1

달이 휘영청

방안에 스며든 달빛으로
잠이 오지 않아
뒤척뒤척

창가에 비친 나뭇가지도
잠 못 이루는 듯
뒤척뒤척

누군가 있는 듯하여
내다보면
고요한 하늘에 달빛만 짙게 흐르고

괜스레 잠 못 들고
뒤척인다.

달이 휘영청 · 2

창밖에 보름달이
둥실 떠올라
세상을 환히 비추고 있다
빈 하늘에 혼자서

나도 오늘은 혼자이기에
벗하여 바라보고 있다
말없이
아무런 얘기 없이

보는 것만으로도 좋아
나는 달을
달은 나를
서로 마주하고 있다

그러다
달은 간다고

점점 높이 올라 멀리 가고

멀리 가는
멀어져 가는
달을
나는 배웅하며 바라보고 있다

가을의 풍요

고요한 산골 집 마당에

새들이 날아와 종종걸음 친다

널어놓은 고추가 빨갛게 빛을 토한다

울타리에 탱자 열매 노랗게 익는다

무 배추가 시퍼렇게 자란다

자줏빛 달리아가 보름달같이 핀다

누런 호박덩이에 볕이 와서 환히 비추다 간다

결실

빨간 맨드라미 꽃 판에 까만 씨알들이 반짝반짝 수없이
박히는 한낮
텃밭에 배추도 통통히 노랗게 속이 든다

남편

내 살아가는데 동반이자 지기인 당신
사랑으로 내 속에 가득 차올라
동그마니 앉은
울타리같이 든든한 당신이지만

참 많이도 싸웠다
연륜의 강물이 맑아지기까지
내가 당신 되고
당신이 내가 되고

울컥울컥 치미는
모서리들을 부둥켜안고
굴리며 굴려가며
둥글둥글
참 많이도 고달팠다

이제 나이도 들어
느긋이 있을 만도 한데
역마살은 여전하다

시절이 무미하다며
느닷없이 훌쩍 날아 굴뚝새처럼 멀리 돌다
다시 돌아와 제자리에 앉는
당신은
소년인지 노인인지

개똥어멈

옆집 개똥어멈이 마당 한쪽에 또
쪼그리고 앉았다
멍하니 넋을 잃고

죽으면 잊어질까
가슴에 박힌 애통을 뽑으려고
거리에 뿌려놓아도
돌 틈에 후벼놓아도
바람에다 하소연해도
맺힌 가슴 떠나지 않는다

자식 없어 소박맞은 후
늦게 개가하여
어렵게 낳은 아들
천복이라 생각하며
애명도 개똥으로 붙이고
애지중지 길렀건만

영감 죽은 지 일 년도 채 안 되어

아들마저 교통사고로 세상을 떠났다

10월 열흘
오늘이 영감님 제삿날
상현달이 유난히 밝은
헐렁한 마당 한쪽에 앉아
소리 없이 우는 개똥어멈

뜰 안의 나무들도 침울해서
어둑한 그림자 드리우고
같이 우는
지워지지 않는 슬픈 밤이다

타작을 한다

한 철 떠받든 생이 토실하게 여물었다
그 무덥던 여름이 가을의 씨앗으로 맺었다
지난 초여름에 놀고 있는 묵정밭을 고른 후 콩을 심었다
호미로 구덩이를 살살 판 후 콩 두 세알씩 묻어주면서
머릿속에는 계산기를 두드렸다
무엇이든 노력하면 노력한 만큼의 대가는 오기마련
욕심나게 잘 생겨야 세상을 판치는 것처럼
한 푼이라도 더 챙기려면 상품이 좋아야한다
그러기 위해서 잘 자라기 위한 매질로
굴러다니는 여름을 잡아 호미 들고 달라붙었다
머리에 수건 덮어쓰고 물병 쥐고 잡풀을 뽑아내면서
한 여름을 가을이 오기까지 콩밭에서 맴을 돌았다
그렇게 땀방울 빚으며 구석구석 돌아본 콩밭에
콩잎이 노랗게 시들면서
줄기마다 콩꼬투리가 다닥다닥 붙어 볼록해졌다
며칠 지나자 만삭이 되어 꼬투리를 벗고 금방 나올 것만 같다
햇빛에 바람에 익어
와글와글 뻗은 콩 떨기 밑동을 잡아
수굿이 낫을 들이대었다

타작을 한다

마당에 깔개를 풀어놓고 힘줄만큼이나 억센 콩짐을 내다
탁탁 막대기로 두들겼다
내려칠 때마다 껍질 속 알맹이들이 깜짝깜짝 놀라 튀어나온다
그렇게 때려도 온 몸 부서지는 일이 없다
여름 내내 쏟아낸 마음들이 알곡으로 수북이 쌓인다
거두는 재미가 뿌듯하다
검불을 털어내기 위하여 키질하는 내게
큰 아들이 '엄마 참 용하시네' 하기에 대뜸
'너희들도 이렇게 키웠다.' 하자 모두들 함박웃음 짓는다
움푹한 다라에 가득 차오른 노란 콩 알맹이들을 보면서
내년에도 또 해 볼 생각이다
농사란 욕심 있고 부지런해야한다는 체험도 얻었다

두 가을

노인이 갈꽃 한 다발 손에 들고
휘적휘적 길을 걷는다

일렁대는 갈꽃 향기
저녁 햇살에 한 줌씩 날린다

노인과 갈꽃
갈꽃과 노인
외롭고 쓸쓸한 마음 닮았던가

한 몸 되어
우줄우줄 수런거리며 툭툭 치며
킥킥거리며
그림자 길게 또는 짧게
춤추고 노래하고
맴돌고

저녁노을이 지는
길 위에

그윽이 두 가을이 노닐다

자월도에서

바닷가에 와 웃는다 메꽃 한 송이
파도소리 구르는
모래밭 위에
가느다란 줄기 하나 붙들고

오래전 포구에 앉아 엉엉 울던
섬 아이 설움 같다

그날도 평상시처럼 "나갔다 오마." 하고
바다로 나간
어부 아버지의 약속에
꼭 돌아올 것만 같아
발목까지 푹푹 빠지는 모래밭에
초승달 같은 발자국 찍으며 울어대던 아이

그해, 섬마을의 벼랑은
뭍사람들의 가슴까지 적셨다
바다는 언제 있었냐는 듯 파도만 덥썩 잡아
밀어낸다

서러움에 시린 섬 아이는
다시 메꽃 속으로 숨어들고
물살에 쓸리는
조개껍데기 머뭇머뭇 몸을 씻는다

기도

하늘 향해 높이 솟은 붉은 십자가 아래
해뜨기 전
새벽빛 돋아나는
살구나무 마당에
눈빛이 까무레한 산새들 날아와
날개를 접고
조가비처럼 엎드려 있다

하루의 일과가 시작되기 전
한 줄기 빛을 향해
무릎 꿇고 두 손 들어 마음을 다하여 기도한다

우리를 보호해 주시는 하나님께
감사
주님을 우리 곁에 있게 해주어서
감사
우리에게 일용할 양식을 주셔서
감사
착한 마음 갖도록 성경을 주시니

감사
믿음의 노래를 주시니
감사
미욱한 우리를 사랑과 더불어 일깨워주심에
감사
또한 용서하심에
감사
감사와 용서로 기도하는
마음이 드높아져
하늘 꼭대기에 붙은 붉은 십자가가 더 붉게 빛난다

마음의 상처를 씻기 위해
하나님 앞에 엎드린
살구나무 마당은
찬양하는 노래로 그득하다

그 집 복사꽃

돌담 너머 복사꽃이 화사한
골목길을 지나다가
볼 일 급해
무작정 열려있는 대문으로
들어갔다
엉덩이를 잡고
두리번거리며 찾았으나
아무도 없다
고요해
엉겁결에 뛰어나오다가
도둑놈처럼 뛰다시피 오다가
멀찍이 뒤돌아 본
그 집 복사꽃
아이들처럼 모여 까르르 웃는다.

구경

호랑나비가 짝 지어 교미를 한다 그것도
한낮의 공중에서

나들이 나온 할미꽃, 며느리밑씻개풀이
얼굴 붉히다

앉은뱅이 노란 민들레꽃은
민들레꽃은 목덜미 올려 오래오래 본다

꽃 핀 자리 꽃 진 자리
질펀하게 앉은 푸성귀들도 한참을

5부

고향의 산물

속잎이 노랗게 익은 봄동이 눈 오는 거리에 나앉았다
좌판을 깔고
모여 앉은 기운이
서먹하게
봄을 전한다

본거지가
시댁 고향인 진도의 산물

겨울이면
마을 앞에 지천으로 퍼져
언덕배기까지 파릇파릇 물들이는 잎들
예까지 올라와 겨울잠을 깨운다

묵은 밥상을 산뜻하게 채워주는
풋것으로
겉절이도 해먹고 쌈도 싸 먹는다
쌉쌀하고 아삭아삭한 그 맛 그 향기에
고향이 그립다 하는데

나는 지금도
땅속에 누워 저녁연기를 내뿜는
마당 굴뚝이
오랜 기억임에도 굼실거리며 떠오른다

어느 여름날

논가 수로에 햇볕이 내려와 뛰어논다
소나기처럼 쏟아져 뛰어논다
웬 홍이 그리 많은지
반짝거림에 눈이 부시다

거울처럼 맑은 물마루에
노란 미나리아재비 꽃들
그림자로 드러누워 키재기 하고
등껍질 파란
다슬기, 우렁이, 물방개, 장구애비 다 나와
물살 간질이며 평화로이 논다

살기 위한 아귀다툼 같은
나쁜 것은 하나도
보이지 않는 세계

껴안듯 들여다보는 내게
마음아
너도 이미 고요히 들어앉아 있구나

쨍쨍한 햇볕 달고

물 위에 어리는
낯익은 얼굴
빙긋이 웃고 있다

그 남자

쪼개놓은 수박 앞에 빙 둘러앉은 인부들 중
한 쌍의 남녀
서로 다정히
먹여주고 받아먹고 한다

옆에서 슬며시 본 한 남자
뒷걸음치며
자리를 떠난다
보따리 메고 길을 나선다

아내와
가까이 있을 때는 그리운 줄 몰랐는데
멀리 있을 때
비로소 그리움을 느낀다고

그 여자

그토록 알뜰하고 얌전히 가정만 알던 우리 동네
그 여자
뜬금없이 춤추러 다니더니
남편과 자식 셋 두고 집을 뛰쳐나갔다
여름날이면 장미꽃으로 단장하여
꽃 궁 같은 집을 버리고
움파같이 키우던 자식들은
청주 할머니네로
고모네로 뿔뿔이 흩어졌다
남편은 혼이 나가 멍하니 길 위에 서 있는데
그녀가 새 서방하고 오토바이를 타고 나타났다.
행복하듯 살림 차렸다며
어디서 자장면집 한다며
폰 판매점 한다며 자랑을 늘어놓는다
동네 사람들 입 모아 쑥떡거린 지 채 2년도 못가
자식들의 그리움을 삭이지 못해
섬 바닷가에
하얀 낮달처럼 쭈그리고 앉았다
굽이치는 물살을 잡고 하염없이 목놓아 운다.

풍경

갯가에 해오라기 한 마리 길쭉한 다리 하나를 접고 서있다
올라오는 물살을 지켜보고 있다
저만치 개펄에는
구멍을 뚫고 사는 게들과 나문재나물이 파랗게 돋아나 있다
나문재나물은 내 어릴 때 피난 나와
이웃 사람들 따라 다니며 뜯어다 반찬 대신 먹은
고픈 배를 채운 나물이다
매일 조석으로 수제비에 넣고 끓여 먹었다
하얀 쌀밥이 그리워서 울던 때도 있었다
다섯 살인 동생은 수제비가 싫다고 숟가락을 던져버리고
맨날 울기만 했다
그 때마다 아버지는 슬픈 얼굴로 동생을 업어주곤 하였다
지금도 수제비는 보는 것조차 싫다 하지만
나문재나물은 가끔 먹는다
살짝 데친 후 양념과 고추장을 넣어 살살 버무려서 먹으면
여전히 참 맛있다
반질한 돈 많은 부자들은 그 맛을 모를 거다
요즈음은 먹는 것조차
부자들과의 격차가 있다던데

다이어트 식품에 건강을 유지하는 알약 식품이
유행이라 하던데
알갱이 몇 알 가지고 끼니를 해결한다는 것이 참
괴이하게 느껴진다
아까부터 해오라기는 그대로 물가에 웅크리고 서 있다
어떤 먹이를 찾는 것일까
슬프게 내 어린 시절의 그림자가 물 위에 떠 있다

찻잔

처음의 표정은 도톰하고 야무졌다
아무렇게나 대할 수 없는 도드라진 기품도 지녔다
그 새 세월에 젖어
조금은 뿌옇게 바랬어도
빗살무늬는 연푸른 것이 여전히 곱다
그런데 언제부턴가
속이 텅텅 빈 외로움이 보였다
항상 입 벌려 멍하니
기다림이 많은 눈으로 하늘만 본다
보기가 딱해 슬며시 데려다
텅 빈 가슴 안에 따끈한 찻물을 부어주었다
몸에 후끈 온기가 돌자
그제야 생기가 돌아
활발히 물결지어 차오르다
모락모락 타는
뜨끈히 우려진 찻물에 입술을 대는 순간
문득 외로움을 지닌 것은
그가 아닌 나
나였음을

나를 위해
찻잔은 그렇게 속을 덩그러니 비워 놓은 듯싶다

차 한 잔

심심한 마음도 가실 겸
차 한 잔
내어 놓았다

향내가 고인
찻물에
둥긋이 내 마음이 흐른다

언젠가 분통이 터진다며 들어온 고모에게
내어 드린 연푸른 차 한 잔
냉수 한 사발 들이키듯
꿀꺽꿀꺽 마시고는
숨 한 번 길게 들이 내쉬고는
잠잠—

오늘 음미해본다
꾹꾹 눌러 가라앉힌 마음
꿀꺽꿀꺽 마신
푸른 빛 머금은 차 한 잔 아니었을까

그 마음 어루만져 마시는 정감이
고스란히 몸속으로 들어와 후끈 풀어져
말갛게 덮어주는
이 한 때
혼자 즐기는 따뜻한 향기로움이다

풀등

서해 대이작도에 가면
물마루에다 둥지를 트는 모래톱이 있다
하루에 두 번씩
물때 맞춰 숨었다 나왔다 하여
사람들은 신기루라 부른다

객을 맞이한 풀등은 황량하다
아무것도 없는
단지 제 몸뚱이 짝 벌려
바다에다 고부라지게 도장을 찍은 후
늘어진 햇발을 끌어다
따뜻이 몸을 말리고 있었다
그런데
생각 외로
도시와 멀어진 해방감을 준다

꽁꽁 얽어맨 도시의 삶을
확 풀어 날려 보내듯
바닷물 바닷바람이

달려와 시원하게 철썩이며
발목을 적신다

새로운 기분에 그냥 마음이 풀어져
모랫바닥에 부서지는
파도 소리 안고 같이
같이 호흡하며 뒹굴고 싶었다

썰물과 밀물의 퇴적벌레로
잠수하면서
맑은 햇살과 맑은 바람과
하얀 파도를 모아
세상을 향해 날갯짓하는
잠시나마 사는 일 다 잊게 하는
편안한 공간을 주는
그곳, 그 소박한 낭만이 나는 좋았다

월미도 갈매기

월미도 갈매기는 바다새가 아니다
바다에서 살 뿐 터전이 다르다
어선보다 여객선을 더 좋아한다
때맞춰 떠나는 여객선을 빙빙 돌면서 먹잇감을
사냥한다
난간에서 사람들이 던져주는 새우깡 과자를
날쌔게 날아와 부리로 낚아챈다
그 낚아채가는 몸짓이
사람들은 예쁘고 신기한 모양이다
일부러 과자를 던져 주며 새들과 놀고 싶어한다
이제는
바닷고기 따위는 거들떠보지 않는다
물결 타고 둥둥 목을 축이며 쉬어갈 뿐
먹기 위해
물속에 얼굴 파묻고 자맥질 하지 않는다
인스턴트식품에 맛이 들어
살이 통통 쪄서
장돌뱅이처럼 여객선만 따라다닌다
따라지같이

갈매기는 여객선의 곡예사가 돼버렸다
여객선도 갈매기의 곡예사가 돼 버렸다.

모여 앉은 이야기들

툭 튀어나온 대통령 톱뉴스
세월호, 부정입학, 미르 재단, K스포츠 재단,
문화계 블랙리스트,
넝쿨처럼 뻗어오는
비선진료, 미용시술, 주사 아줌마, 뇌물적용
대기업 뇌물강요, 직권남용

국민들의 촛불 아우성—
대통령으로 뽑았지 공주로 뽑지 않았다
또 한 쪽에선
태극기 아우성— 대통령 잘못 없다
두 빛깔의 뉴스가 와글와글 긴 긴 거리에 섰다

검찰특별수사
대통령— 탄핵, 파면, 영장, 구속, 재판
발기발기 찢겨진 정권 앞에
북한은 핵미사일
남한은 사드 배치

내 나라 내 국토를 가지고
트럼프와 시진핑의 중재
홍정하는 이 와중에
대통령 선거
대선 인물들의 네거티브

숲을 보고 나뭇잎을 보고
화면에 모여 앉은 이야기들
조잘 조잘 조살 조잘 ― 흔들흔들 흔들
흔들고 흔들리고
TV 앞에 긴장된 국민들
입김 아래 떨거니 서 있다

세상이 뒤숭숭하다
사공이 많으면 배가 산으로 올라간다는데
나라가 걱정이다

나무들이 옷을 벗는 까닭은

옷을 벗으러 산을 내려오는 단풍나무

옷을 벗으러 거리에 나선 은행나무

옷을 벗으러 열매를 뱉는 도토리나무

옷을 벗으러 첫서리에 이불 덮는 몽당나무

가을이 되자
나무들이 모두 옷을 벗는다
서둘러 옷을 벗는 까닭은
빈 몸으로 돌아가기 위한 마지막 치장이다

무제

차후에 결실이 있든 없든 군주로 권세를 부리다가
졸때기 신세로 흐지부지 몰락한 실상을 들으면서

시대의 바람은 가짜인지 진짜인지 분간 못할 거짓
진실이 홍청대며 날아다니는 날개를 보면서

권력과 재력이 합세하여 세상을 맘대로 쥐락펴락
하다 쇠고랑을 차는 거물들의 행보를 보면서

사람으로서는 도무지 이해할 수 없는 잔악한
죽임과 학대와 버림이 상상을 초월한 존속범죄

날로 더해가는 사건들이 부끄러움을 모른 체
사나운 욕심에만 타오른다는 걸 느끼면서

하늘 향해
고분고분
맑은 아침 길을 내다본다

눈

눈이 푸지게 쏟아집니다
어찌나 퍼붓는지 길이 없습니다
그악스러운 사람들이 뿌린
더럽고 악한 때(살인죄, 성범죄, 사기죄, 강도죄, 공갈죄)
다 치워 없앨 양
하얀 함박꽃이 되어 세상을 덮습니다.

곱게 살라고
삐뚤삐뚤 가지 말라고
허욕에 찬 나쁜 마음 가지지 말라고
착한 마음 가지고
즐겁게 살라고
바람을 타고 하얀 눈송이 펑펑 쏟아냅니다.

아이들은 좋다며
머리에서 발끝까지 하얘 갖고
눈싸움 하고 눈사람 만들고
눈덩이 되어 굴러갑니다
뛰어노는 아이들의 웃음소리가 생기찹니다

앙상하던 나무숲에도
떠돌던 먼지에도
사람들의 욕심에도
눈의 마음처럼 다 덮여
더럽던 세상이 하얗게 깨끗해졌습니다

노부부

공원 벤치에 노부부가 나란히 앉았다

등이 구부정한 할아버지
발밑에 구르는 노란 은행잎 하나를 주워
할머니에게 건넨다

기뻐 웃는 할머니 얼굴이
내려앉은 햇볕처럼 따스하다

정겹게 앉은 그들은
노을 지는 저녁 하늘 바라보며
무슨 마음 건넸을까

광장에선
다리 짧은 비둘기 떼 모여
뒤뚱뒤뚱
지는 해 잡아당겨
발바닥으로 콕콕 찍는다

스케치

내 노트에는 짬짬이 기록한 메모들이 많다
더부룩이 임신한 수수의 붉은 머리
까만 알맹이 활짝 내보인 분꽃들의 자궁
풀잎에 굴리 내리는 이슬의 짧은 생
알밤 새끼들 벌어진 질 속에서 나올 듯 말 듯한
낌새
한낮 공중에서 교미중인 고추잠자리와
눈 맞춘
또 하나의 쌍붙임으로
한사코 붙잡은
히죽히죽 웃는 계집애의 볼록볼록 여물은 엉덩이
늙은 저녁바람 붙잡고 춤추는
칸나의 빨간 머리
시멘트 바닥을 뚫고 나온 난민 풀숲
문득 잃어버린
유년을 찾듯
움켜잡은 소재로 지저분히 스케치한

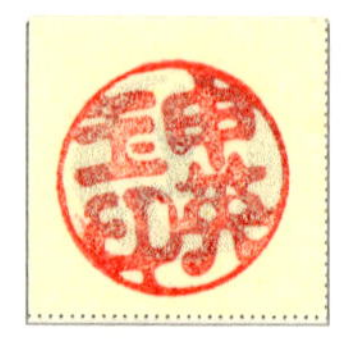

신영옥 시집_ 그곳, 서쪽 마을

초판 인쇄 | 2017년 11월 10일
초판 발행 | 2017년 11월 15일

지 은 이 | 신영옥
발 행 인 | 문효치
편집국장 | 김밝은

펴낸곳 | 사단법인 한국문인협회 月刊文學 출판부
주소 | 서울시 양천구 목동서로 225 대한민국예술인센터 1017호
전화 | 02-744-8046~7
팩스 | 02-743-5174
이메일 | klwa95@hanmail.net
등록 | 2011년 3월 11일 제2011-000081호
ISBN 978-89-6138-363-9 03810

값 8,000원

잘못 만들어진 책은 바꾸어 드립니다.
이 책은 인천문화재단의 문화예술지원금으로 제작되었습니다.